내 영감의 큰 원천,
사랑하는 내 아들, 나타니엘에게.
–마티아스 드브렌

이 그림책에, 그리고 내 인생에 색채를 더해 준
나의 세 아이, 장, 그레구아르, 루이종에게 감사합니다.
–샤를 뒤테르트르

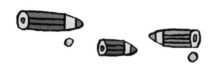

마티아스 드브렌 글 | 샤를 뒤테르트르 그림 | 이주희 옮김

동물은 안 해도 돼

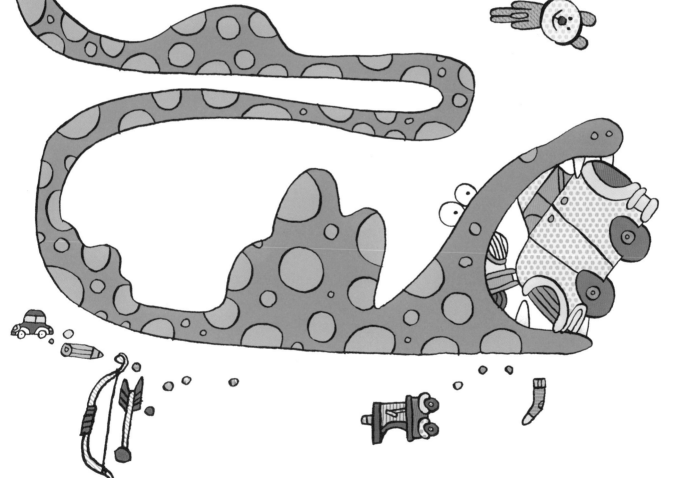

블루래빗

겨울잠쥐는 아침에 안 일어나도 돼.

물고기는 샤워를 안 해도 돼.

얼룩말은 줄무늬 옷을 안 입어도 돼.

말은 머리를 안 빗어도 돼.

달팽이는 온종일 꾸물거려도 돼.

뱀은 신발 끈을 안 묶어도 돼.

원숭이는 학교에 안 가도 돼.

오랑우탄은 줄을 안 서도 돼.

당나귀는 공부 안 해도 돼.

돼지는 밥을 흘려도 돼.

들쥐는 아무 데서나 먹어도 돼.

앵무새는 아무 때나 떠들어도 돼.

낙타는 등을 안 펴도 돼.

파리는 안경을 안 써도 돼.

생쥐는 안 웃어도 돼.

기린은 어른에게 말할 때 고개를 안 들어도 돼.

다람쥐는 미용실에 안 가도 돼.

고릴라는 엄지손가락을 빨아도 돼.

악어는 치과에 안 가도 돼.

암탉은 치아 교정기를 안 껴도 돼.

사자는 채소를 안 먹어도 돼.

고양이는 낮잠을 안 자도 돼.

벼룩은 가만있지 않아도 돼.

개는 화장실에 안 가도 돼.

거북이는 머리를 안 감아도 돼.

코끼리는 귀를 안 파도 돼.

개미는 방 정리를 안 해도 돼.

판다는 고기를 안 먹어도 돼.

부엉이는 밤새도록 만화 영화를 봐도 돼.

박쥐는 일찍 자지 않아도 돼.